Basile le robot

Simone Schmitzberger est née en 1950 à Darney dans les Vosges. Très tôt elle s'intéresse à la littérature et obtient une maîtrise de lettres modernes puis devient rédactrice à l'Est républicain. Parallèlement, elle écrit des histoires pour enfants. Beaucoup de ses livres, publiés chez Nathan et Bayard Presse, reflètent sa passion pour les animaux – sauf ceux qui piquent ! –. Mariée et mère de trois enfants, elle vit à Epinal.

Du même auteur dans Bayard Poche :
Chouette soirée (Les belles histoires)

Colette Camil est née à Paris. Diplômée de l'ESAG (École supérieure d'arts graphiques), elle devient illustratrice, travaille essentiellement pour la presse (Bayard Presse) mais aussi pour l'édition. Ses ouvrages sont publiés chez Hachette, Robert Laffont, le Centurion.

Du même illustrateur dans Bayard Poche :
Helen, la petite fille du silence et de la nuit
(Les belles histoires)

ISBN 2. 227. 72136. 7

Basile le robot

Une histoire écrite par Simone Schmitzberger

illustrée par Colette Camil

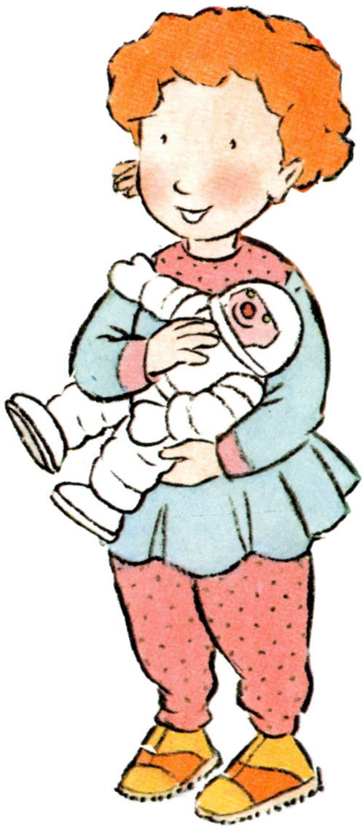

BAYARD ÉDITIONS

La famille Joker vient de s'offrir
pour le Nouvel An,
un super-robot appelé Basile.
Monsieur Joker
est reporter spatial,
madame Joker
est cosmonaute.
Ils ne sont pas
souvent
chez eux
et leurs trois
enfants,
Alpha,
Jok et Zazy
se retrouvent
seuls à la maison.

D'habitude, c'était une voisine,
madame Tokar, qui venait les surveiller.
Mais les enfants Joker trouvent
que madame Tokar fait démodée
à côté des robots
qui surveillent leurs petits copains !
Maintenant,
c'est Basile qui va la remplacer.
Tout le monde est bien content,
sauf madame Tokar,
qui est un peu vexée.
Les parents Joker
pourront partir travailler
sans se faire de souci.
Comme ils ne rentreront pas
avant une semaine,
ils programment* Basile
pour qu'il contrôle tout
pendant leur absence.

* Ce mot est expliqué page 45, n° 1.

STOP

Mais Basile est un robot très sensible,
une porte claquée met en route
son système d'alarme,
un gros mot déclenche sa sirène !
Et quand Zazy le traite de tête de lard,
il fait exprès de dérégler la télé
en envoyant des parasites* !

* Ce mot est expliqué page 45, n° 2.

Basile est programmé
pour être très gentil
à l'heure du coucher.
Il raconte aux enfants
des histoires de robots.
Mais il éteint tout à neuf heures pile
et les enfants n'aiment pas ça,
surtout Alpha qui aime bien s'endormir
en regardant ses livres préférés !

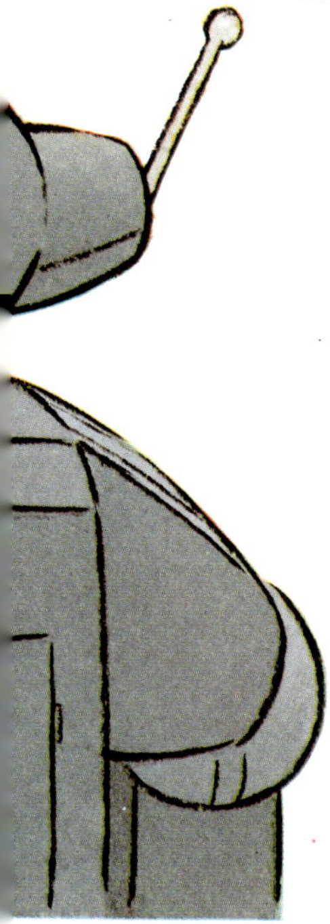

Un soir, Alpha a une idée,
elle demande à Basile
comment il faut faire pour retarder
le coucher d'une heure.
Basile répond sans se méfier :
– APPUYER SUR TOUCHE ROSE
Alpha jubile* ! Elle appuie aussitôt
sur la touche rose.

* Ce mot est expliqué page 46, n° 3.

Basile crie :
– DANGER DE PUNITION !
DÉFENDU PAR LES PARENTS !
Mais Alpha n'y fait même pas attention.
Tous les quarts d'heure, Basile répète :
– DANGER DE PUNITION !
DÉFENDU PAR LES PARENTS !
Et il fait fonctionner son girophare.
Zazy et Jok n'arrivent pas à dormir.
Tout à coup, Jok s'énerve, il se relève
et il appuie sur la touche noire : Stop !

STOP

Basile se tait
et la lampe de la chambre s'éteint.
Alpha est furieuse, elle ne peut plus lire.
Elle court jusqu'au robot,
pour appuyer de nouveau
sur la touche rose.
Mais dans l'obscurité,
elle se trompe :
elle appuie sur la
touche bleue. Alors
le robot se met
à dire n'importe quoi,
comme si on
avait mélangé
ses programmes :

BOUDIN BITFECK

LAINE

Alpha hausse les épaules :
– Mais il est fou, ce robot !
Basile répond calmement :
– TÊTE DE LARD !
TÊTE DE LARD !
Quand Basile se calme
enfin, il est près de minuit !

BARBE À PAPA
DORMIR
TOILETTE
STOP

Le lendemain, Basile est détraqué*.
Les enfants sont prisonniers du robot :
il les empêche de sortir
pour aller à l'école.
À l'heure du déjeuner,
il refuse d'ouvrir
la porte de la cuisine.
Il répète froidement :
– REPAS
PRÉVU
À LA
CANTINE !
Jok hurle :
– Mais
on a faim,
nous !

* Ce mot est expliqué page 46, n° 4.

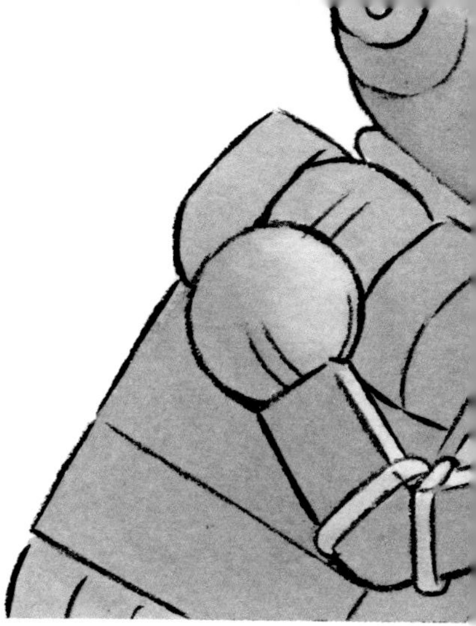

Alpha pense :
– Le téléphone !
Elle compose le 18
pour appeler les pompiers.
Mais voilà que Basile
coupe la communication
et se met à répéter :
– PAS DE DANGER !
PAS DE POMPIERS !
PAS DE DANGER !
PAS DE POMPIERS !
Zazy s'affole :

– Appelons Mamie !
Hélas, c'est le robot de leur grand-mère, Albert-Auguste, qui répond :
– MAMIE ABSENTE !

Alpha, Jok et Zazy se regardent
et ils disent d'une seule voix :
– Appelons madame Tokar !
– Allo, madame Tokar, au secours !
Venez vite nous délivrer !
On est prisonniers de notre robot !

Madame Tokar est toujours vexée.
Elle prend une voix de robot et elle dit :
– JE NE SUIS PLUS PROGRAMMÉE POUR M'OCCUPER DE VOUS !

Puis elle raccroche.
Pourtant,
comme madame Tokar a bon cœur,
elle est bientôt devant la porte.
Mais Basile refuse d'ouvrir. Il crie :
– MADAME TOKAR AU PLACARD !

Tout à coup, le téléphone sonne.
Les trois enfants
bondissent sur l'appareil.
– C'est maman !
Ils parlent tous à la fois :
– Maman, viens vite !
Basile ne veut plus nous laisser sortir !

Pendant ce temps, madame Tokar
a appelé les pompiers.
Ils arrivent très vite,
en vaisseau spatial rouge.
Ils cassent la vitre
et ils entrent dans la maison.

En voyant les pompiers,
Basile a un court-circuit* !
Ses yeux lancent des éclairs,
et des flammes
sortent de sa bouche.
Puis il se précipite
sur madame Tokar
qui lui crie :
– Couché,
sale bête !

* Ce mot est expliqué page 47, n° 5.

Alpha s'écrie :
– Non,
ce n'est pas comme ça
qu'on parle à un robot !
Le chef pompier hurle :
– Attention,
ne le touchez pas !
Mais, au même moment,
madame Tokar se prend le pied
dans les fils qui pendent du robot

et une formidable explosion
jette tout le monde par terre !
C’est Basile, le super-robot,
qui vient d’exploser.

Madame Tokar se retrouve
en petite culotte,
et le chef pompier aussi.
Les trois enfants
sont presque assommés.
Et la maman,
qui est toujours au bout du fil,
ne comprend rien et elle s'affole :
– Allô, allô, que se passe-t-il ?
Passez-moi Basile !

Alpha se relève et elle reprend l'appareil :
– Allô, maman ?
Basile est cassé !
La maman est horrifiée* :
– Je vous avais pourtant défendu
d'y toucher !
Vous n'avez pas de mal ?
Madame Tokar a retrouvé son calme.
Elle prend le téléphone :
– Ne vous inquiétez pas, madame Joker,
tout va très bien.
Oui, oui, tout va très bien !

* Ce mot est expliqué page 47, n° 6.

LES MOTS DE L'HISTOIRE

1. **Programmer**
un robot ou un ordinateur,
c'est lui donner des ordres
qu'il garde dans sa mémoire.

2. Des **parasites** sont des bruits
qui brouillent le son de la radio
ou des rayures lumineuses
qui empêchent de bien voir
l'image de la télévision.

3. Quand on a réussi quelque chose
de difficile, ou quand on apprend
une très bonne nouvelle
et qu'on est très heureux, on **jubile.**

4. Un appareil est **détraqué**
quand quelque chose est cassé
à l'intérieur, qu'il ne fonctionne plus
comme il faut.

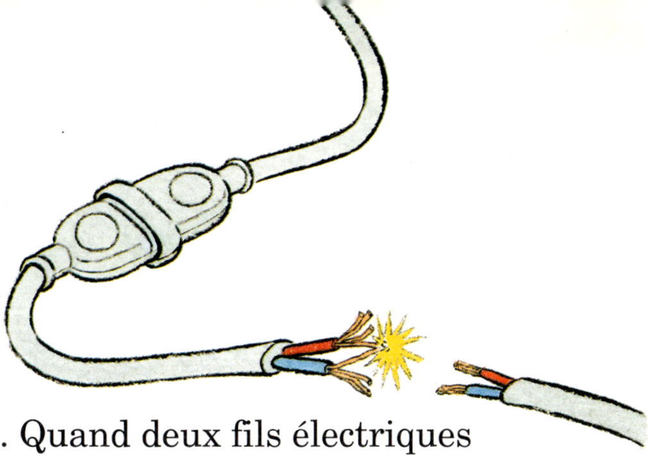

5. Quand deux fils électriques
se touchent, ça fait des étincelles.
C'est un **court-circuit**
et c'est dangereux.

6. Être **horrifié,**
c'est avoir très très peur
de quelque chose d'horrible.

Achevé d'imprimer en février 1992 par Ouest Impressions Oberthur
35000 Rennes - N° 12561
Dépôt légal éditeur n° 1233 - Mars 1992
Imprimé en France